Le Musée en herbe
Sylvie Girardet, Claire Merleau-Ponty et Anne Tardy rêvaient d'un musée pas comme les autres, un musée où… l'on s'amuserait. Elles ont fondé le MUSÉE EN HERBE, installé dans le Jardin d'acclimatation et à la halle Saint-Pierre à Paris. Chaque exposition est une fête à laquelle participent les enfants, mais aussi les plus grands. Les visiteurs ont déjà pu y rencontrer Léonard de Vinci, croiser des dragons et des éléphants, découvrir la Tour Eiffel, tout apprendre sur les plumes des oiseaux et vivre comme de vrais Gaulois ou des Aborigènes d'Australie ! Elles écrivent aussi des livres où elles racontent des histoires qui parlent d'art, de science ou d'histoire, des histoires vraies qui font rêver.

Fernando Puig Rosado
Ce dessinateur humoriste est né un 1er avril, sous le soleil de l'Espagne. Cofondateur, avec Desclozeaux et Bonnot, de la Société Protectrice de l'Humour, il met son talent au service de tous, petits et grands. Ses dessins illuminent aussi bien des revues scientifiques, des journaux d'actualité, les publications de Bayard Presse que les livres pour enfants. De nombreux animaux irrésistibles et attendrissants sont déjà nés sous ses crayons.

Auteurs : Sylvie Girardet, Claire Merleau-Ponty
Dessins : Puig Rosado
Conseiller scientifique : Jacques Maigret
Laboratoire du Muséum national d'histoire naturelle
Conception graphique de la collection : Florence de Andia, Joëlle Leblond
Photocomposition : Équipage

Loi 49956 du 16 juillet 1949 sur les publications destinées à la jeunesse
ISBN : 2. 227. 71811.0
Impression et reliure : Pollina s.a., 85400 Luçon - n° 16186
Dépôt légal : mai 1993

Musée en herbe

Sylvie Girardet, Claire Merleau-Ponty, Anne Tardy

Les baleines à bout de souffle

Puig Rosado

BAYARD ÉDITIONS

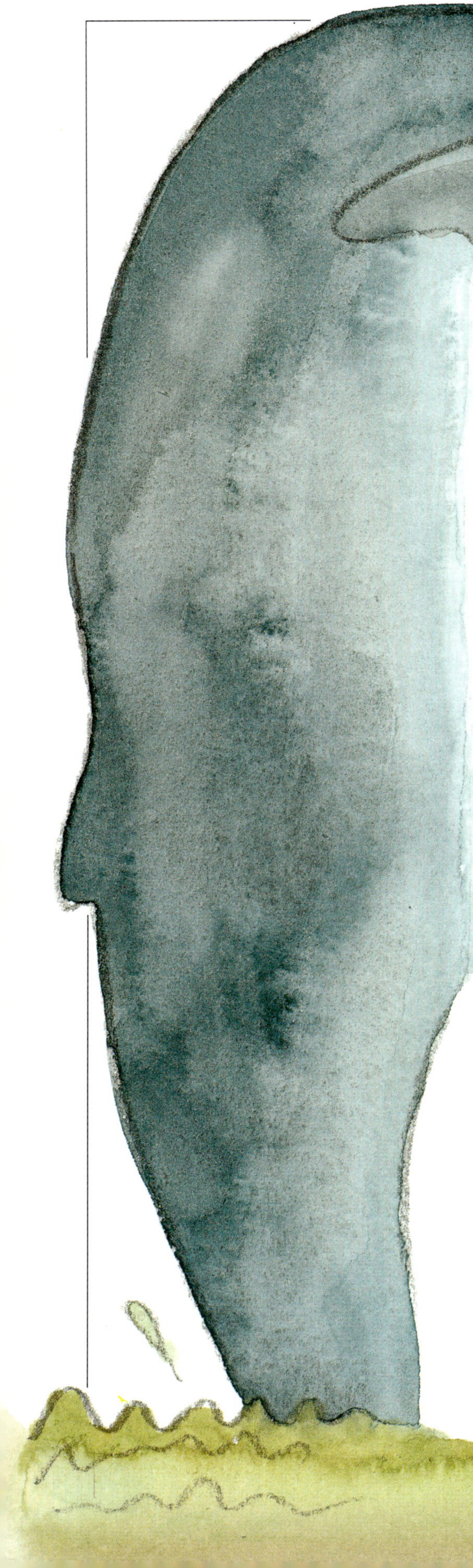

La lettre du savant

Je me rappelle ma première rencontre avec les baleines : c'était à bord d'un navire armé pour des études de biologie des pêches, un soir de mars 1971, au large des côtes de Mauritanie. La mer était calme et le soleil descendait derrière l'horizon, rougissant le ciel et la mer dans un même flamboiement. Brusquement, nous entendîmes un souffle puissant avant d'apercevoir deux masses qui venaient lentement vers le bateau. C'était un couple de roquals communs, accompagné d'un baleineau. Intrigués par ce bateau immobile, ils se rapprochèrent plus rapidement, ondulant en surface, puis, soudain, l'un d'eux bondit entièrement hors de l'eau. Énorme ! L'équipage avait arrêté toute activité pour contempler ce spectacle que je n'ai jamais oublié et c'est en silence que nous les avons observés reprendre leur route tranquille vers le Nord, pour rejoindre leurs quartiers d'été dans l'Arctique.

Pendant des millions d'années, les baleines et leurs cousins les dauphins

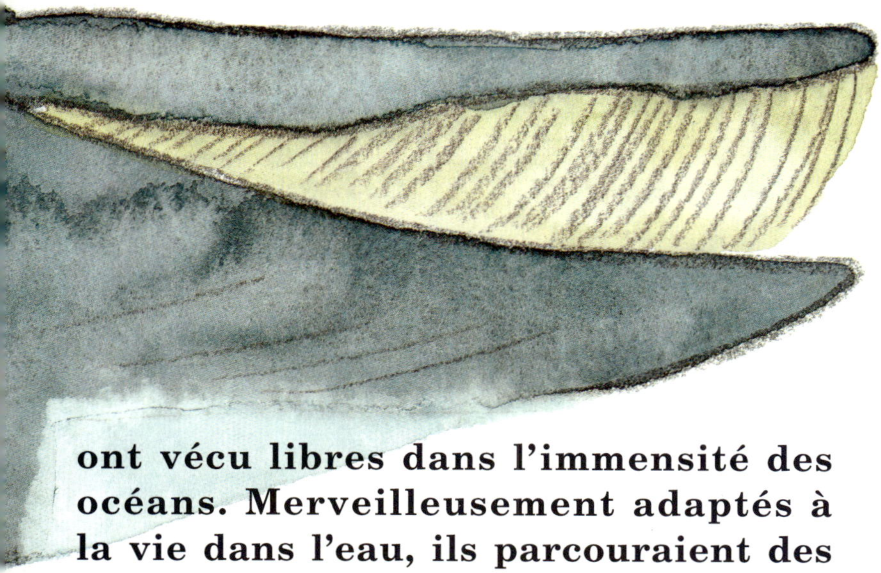

ont vécu libres dans l'immensité des océans. Merveilleusement adaptés à la vie dans l'eau, ils parcouraient des milliers de kilomètres, au rythme des grandes saisons de la vie de notre planète. Il a suffit d'une centaine d'années pour que l'homme, animé par son esprit de domination et de possession, réduise leurs populations à un niveau qui fait craindre pour la survie des espèces. La nature est fragile face aux moyens techniques utilisés par l'homme. Pour sauver les baleines et leurs cousins, il faut connaître ces formidables créatures, ce patrimoine qu'aucune invention humaine ne pourra jamais remplacer. Puisse cet ouvrage rendre les jeunes lecteurs sensibles à la beauté qui émane de ces animaux et leur faire prendre conscience de la nécessité de les protéger, pour réparer ainsi les erreurs de leurs grands-pères et de leurs pères. C'est de nos enfants que dépend l'avenir de notre planète.

Jacques Maigret
Docteur ès sciences
Conservateur au Muséum d'histoire naturelle de Paris.

Un bélouga dans la toundra

Des vagues blanches d'écume se fracassent sur les graviers de la plage. Les algues chassées par le vent violent s'envolent sur les falaises, au ras de la toundra en fleurs. Un étrange monticule recouvert d'herbes coupées fait face à la mer, à quelques mètres au-dessus de l'eau. Sous les feuilles et les herbes gît un animal, mort, à moitié dévoré. Il ne reste que trois dents sur sa mâchoire inférieure.

Le bélouga est appelé aussi baleine blanche, mais c'est en fait un dauphin.

C’est **un bélouga**. Non loin de là, l’herbe est couchée et il y a de belles traces de griffes dans le sable humide. L’ours ne doit pas être loin, prêt à défendre son garde manger ! Mort en mer, le vieux bélouga s’est en effet échoué sur la plage, et l’ours, ravi de ce cadeau inattendu, l’a mis à l’abri pour ses futurs festins. Les premiers chasseurs de baleines faisaient comme cet ours d’Alaska : ils se contentaient de manger celles qui s’échouaient. Ensuite, les hommes ont tant et tant chassé ces géantes de la mer qu’elles sont aujourd’hui menacées de disparaître…

« La baleine est un mammifère sans jambe arrière », disait le grand savant Georges Cuvier au siècle dernier.

Des ancêtres à quatre pattes

Les baleines vivent dans l'eau et nagent comme des poissons ; mais ce sont des mammifères : comme nous, elles ont le sang chaud et respirent de l'air. Dès la naissance, leurs petits savent nager et têtent goulûment le lait de leur mère. Avec **les cachalots**, **les dauphins** et **les marsouins**, elles appartiennent à la grande et vieille famille des cétacés.

Les baleines ne pourraient pas vivre sur terre : leur propre poids les écraseraient. Dans la mer, c'est l'eau qui les porte.
La baleine bleue est longue comme quatre autobus. Son cœur est gros comme une petite voiture !

Il y a 60 millions d'années, leurs ancêtres barbotaient probablement dans les fleuves, comme des hippopotames. Puis ils se sont réfugiés dans la mer : leurs pattes avant sont devenues des nageoires et leurs pattes arrière se sont transformées en queue. Ils ont perdu leurs poils. Leurs oreilles ont rapetissé et leurs yeux se sont habitués à l'eau salée. Pour qu'ils puissent respirer l'air lorsqu'ils nagent sous l'eau, leurs narines se sont peu à peu déplacées vers le sommet de la tête. Ce sont les évents.

Les cétacés et les poissons nagent différemment : les premiers ont une queue horizontale, qu'ils bougent de haut en bas, les seconds une queue verticale, qu'ils bougent de droite à gauche.

Quand les baleines ouvrent la bouche, l'ouverture est large de plusieurs mètres. Pas étonnant qu'on dise « rigoler comme une baleine » quand on pique un bon fou rire.

Les baleines sont des cétacés à fanons. Leur nom savant, les mysticètes, signifie « baleines à moustaches ». Elles ont d'énormes mâchoires et deux évents pour respirer. La baleine du Groenland a les plus grands fanons : 4 mètres 50 de haut.

Un filtre dans la bouche

Comment reconnaître les baleines parmi les cétacés ? Elles ont un « rideau » à la place des dents : des lames souples en corne, garnies de franges, sont plantées sur les gencives supérieures, ce sont les fanons. Grâce à eux, les énormes baleines piègent les minuscules crevettes qui font leur délice. Elles nagent gueule ouverte, enfournant des tonnes d'eau et d'animaux microscopiques. Ensuite, elles ferment la bouche et d'un grand coup de langue elles chassent l'eau à travers les fanons, ne gardant ainsi que les crevettes.

Pour capturer petits poissons et crevettes, les baleines à bosse travaillent en équipe et les emprisonnent dans un immense filet de bulles d'air.

Les baleines passent l'hiver dans les eaux chaudes, où elles donnent naissance à leurs petits. Pendant cette période, elles jeûnent. Dès la belle saison, elles nagent, affamées, vers les eaux polaires où les glaces ont fondu. En effet, c'est là que naissent par milliards les petites crevettes dont elles raffolent.
Elles mangent alors comme des goinfres et repartent quatre mois plus tard, rembourrées de gras pour l'hiver.

Chaque année, les baleines partent pour un long voyage : elles font parfois plus de 20 000 km par an.

A pleines dents !

Certains cétacés ont des dents, de deux à deux cent quarante, un seul évent pour respirer et parfois des mâchoires en forme de bec ou… un melon sur la tête, comme **le cachalot**. Cette bosse est pleine d'une huile très fine, le célèbre « blanc de baleine ». Les belles dents d'ivoire en forme de cône

Les cétacés à dents s'appellent les odontocètes. Ils sont plus petits que les baleines. Ce sont les marsouins, les dauphins et les cachalots.

ne servent pas à déchirer ou mâcher les proies, mais à les attraper. C'est drôlement utile lorsqu'on se nourrit de calmars géants aux tentacules glissantes ! Le menu des cétacés est très varié : en plus des calmars, des seiches et des poulpes, ils aiment les morues et les requins. **Les orques** se régalent aussi de pingouins, de phoques ou de morses.

On trouve dans le ventre du cachalot l'ambre gris : c'est un petit bloc noirâtre formé des restes de becs de calmars, impossibles à digérer même quand on a l'estomac solide !

Regarde cette belle mâchoire de cachalot.

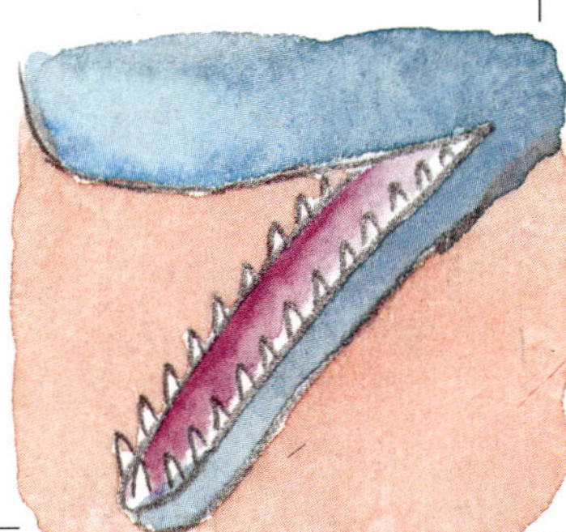

Quel souffle !

Dans l'eau, les baleines étouffent, il leur faut de l'air ! Entre chaque plongée, elles remontent à la surface pour prendre une respiration, un « souffle ». Dans un bruit de tonnerre, elles expulsent alors un jet de buée de plusieurs mètres de haut. Les baleines plongent plus ou moins longtemps. Le temps de plongée varie selon qu'elles mangent, dorment,

La baleine bleue fait jaillir dans l'air un jet de vapeur d'eau de 12 à 15 mètres de haut. Chaque espèce se reconnaît à la forme et à la puissance de son jet.

Les baleines utilisent leurs poumons beaucoup mieux que nous : une seule respiration de baleine dure autant que huit de nos respirations.

Les cachalots plongent jusqu'à 3200 mètres et peuvent rester une heure et demie sous l'eau sans respirer !

voyagent ou fuient un danger.
Celles qui se nourrissent de petites crevettes en surface n'ont pas besoin de faire le grand plongeon.
Les cachalots, qui chassent les calmars dans les profondeurs, doivent rester beaucoup plus longtemps sous l'eau.
Ils se préparent à cet exploit par de véritables exercices respiratoires.

Les baleines ont un petit tous les deux ou trois ans, pendant vingt ans. Celui de la baleine franche mesure 5 m de long et pèse 4 à 5 tonnes. Quel nourrisson !

Grand amour et bébés géants

Lorsque deux baleines se caressent, cela fait beaucoup de vagues et d'écume ! Le mâle fait des acrobaties et des discours pour séduire sa belle. Dix ou douze mois plus tard un baleineau sort du ventre de sa mère, en pleine mer, la queue la première. « De l'air ! », suffoque le petit. Vite, sa mère le porte à l'air libre, aidée par quelques femelles venues la protéger.

C'est la première respiration du bébé !
Trente minutes après, il sait nager.
Le petit ne sait pas encore chasser.
Pendant six à sept mois, il tête des tonnes de lait très crémeux et devient assez costaud pour affronter les mers froides et ses ennemis.
Les mères baleines sont de vraies mères poules. Elles avertissent leurs petits de tout danger et nagent à leur secours.
Parfois aussi, elles s'énervent lorsqu'ils chahutent trop et font des glissades sur leur queue !

Les petits têtent leur mère pendant sept à douze mois ; pendant ce temps, ils ne la quittent pas. Les baleiniers commençaient par tuer les bébés, pour attraper les mères plus facilement.

Le lait de la baleine est « pure crème » : il est dix fois plus nourrissant que celui de la vache. Les jeunes têtent tout le temps : le baleineau avale 500 litres de lait par jour.

Voir avec les oreilles

Les baleines sont de formidables machines à entendre. Et pourtant, elles n'ont pas d'oreilles apparentes ! Elles entendent avec toute leur tête : ce sont les os du crâne et des mâchoires et l'huile de leur « melon » qui répercutent les sons.

Les baleines ont la vue basse et pas beaucoup de flair. Mais elles ont la peau très sensible : une simple caresse, et les voilà qui frissonnent !
Elles ont surtout l'oreille très fine. Grâce au « radar » situé dans leur tête, elles arrivent à se déplacer dans l'immensité de l'océan : pour savoir ce qu'il y a devant

Parfois des groupes de baleines s'échouent et meurent. Personne ne sait exactement pourquoi. Peut-être parce que leur radar s'est déréglé et qu'elles ne peuvent plus se diriger ?

elles, dans l'eau noire comme la nuit, elles émettent des sons très aigus. Ceux-ci rebondissent sur un banc de poissons, par exemple, et reviennent vers elles comme un écho. Si le son revient vite, elles savent que le banc de poissons est proche, s'il met du temps à revenir, c'est que les poissons sont encore loin. C'est ainsi qu'elles évitent les obstacles, qu'elles détectent leurs proies et qu'elles communiquent entre elles.

Le son voyage vite dans l'eau : il suffit de deux secondes à une baleine pour deviner, grâce à son radar, un banc de poissons qui nage à 1,5 km.

La baleine ne nage pas sans arrêt. Elle se repose aussi : elle flotte alors allongée, immobile, mais ne dort que d'un œil ; toutes les 50 secondes, elle ouvre les paupières.

Nageuses puissantes et gracieuses

Les baleines ont tout pour être de bonnes nageuses : des os légers, un corps fuselé et lisse, deux nageoires pour s'équilibrer, une queue puissante pour avancer et des tonnes de muscles. L'épaisse couche de lard qui les protège du froid les aide aussi

Les nageoires servent à nager, mais aussi à faire des gestes, des caresses, des parades et à prendre appui sur l'eau.

à flotter comme une bouée ! L'eau glisse facilement sur le corps de la baleine. Sa peau, très souple, suit les mouvements de l'eau. Elle est toute lisse et un peu huileuse. Une baleine dans la mer glisse comme une savonnette dans l'eau.

Les baleines sont très rapides, malgré leur taille imposante : une baleine bleue fait du 22 km/h de moyenne.

La queue de la baleine est parfois aussi grande qu'une chambre à coucher de 10 mètres carrés.

Les baleines à bosse sont de vraies Castafiore : chacune d'elles a son propre répertoire et peut chanter toute une journée et toute une nuit. Les chants varient selon les saisons.

Les baleines ne chantent pas en mangeant, ni quand elles voyagent. C'est en hiver, lors de la naissance de leurs petits qu'elles poussent la chansonnette !

Acrobates et cantatrices

Les baleines sont de grandes sportives : elles sautent hors de l'eau et claquent leur queue violemment à la surface. Elles déploient leur queue très haut au-dessus de l'eau. Elles surfent ou saluent de leur nageoire avant. C'est ainsi, par bonds et galipettes, qu'elles se séduisent, s'agressent, se donnent leur position ou jouent, tout simplement.

Les baleines sont aussi des artistes : elles chantent ! Craquements, gémissements, soupirs, grondements, pépiements composent des chœurs que l'on entend à des centaines de kilomètres. Certaines baleines ne chantent pas, mais font la conversation. Elles émettent des petits bruits qui en disent long : attention, danger ou poissons en vue…

Les grandes baleines exécutent les plus beaux sauts en hiver, lorsqu'elles filent le parfait amour et font des petits.

Tous pour un, un pour tous !

Les baleines voyagent parfois en solitaire. Elles se retrouvent cependant souvent en famille ou même en troupeaux de plusieurs centaines d'animaux sur les pâturages de crevettes ou près de leurs bébés, dans les eaux tropicales. Elles s'aident les unes les autres : elles volent au secours d'une des leurs lorsqu'elle est attaquée, l'emmènent à la surface si elle est blessée pour qu'elle

Chez les cachalots, chaque mâle est entouré d'une troupe de dix à cinquante femelles qu'il protège. Ceux qui n'ont pas réussi à trouver de compagnes forment des bandes de vieux garçons. Quant aux jeunes mâles, ils vivent ensemble en attendant de pouvoir eux aussi avoir leur harem !

respire. Si c'est trop grave, elles restent avec elle jusqu'à sa mort. Elles chassent aussi ensemble, c'est plus efficace ! Chez certaines baleines, comme **la baleine bleue** ou **la baleine à bosse**, la vie de famille est une réussite : le mâle et la femelle s'aiment d'amour tendre pendant de longues années et veillent sur leurs petits. Leurs cousins **les cachalots** vivent en bandes plus nombreuses et bien organisées, sous la conduite de mâles puissants.

Chez les baleines, pas question d'avoir plusieurs compagnes. Amour rime avec toujours ! Quel désespoir lorsque l'une des deux meurt...

Amis et ennemis

Les bernacles sont très encombrants : certaines baleines transportent des dizaines de milliers de ces crustacés sur la tête. Pour s'en débarrasser, elles se frottent contre les rochers ou se douchent sous les cascades glacées du Grand Nord.

Les baleines sont de vraies îles flottantes sur lesquelles poussent des algues et vivent des animaux. Certains, amicaux, les utilisent simplement comme véhicules : ce sont les rémoras et les poissons pilotes ou des crustacés comme les bernacles. D'autres, malgré leur petite taille, les font souffrir : les puces de mer

ou les poux de baleines sucent leur sang. Leurs morsures sont très douloureuses. Heureusement, des oiseaux aident les baleines à se débarrasser de leurs hôtes suceurs : les phalaropes picorent sur leur dos les poux dont ils sont friands.
Les baleines ont des ennemis de plus gros calibre, **les orques**, qui se rassemblent pour les attaquer lorsqu'ils ont faim. Cependant, l'homme est toujours leur principal ennemi.

De petits vers ronds, les nématodes, bouchent parfois l'oreille interne des baleines. Elles n'entendent plus rien, ne savent alors plus se diriger et parfois elles s'échouent.

Portrait de famille

Voici réunis quelques membres de la grande famille des cétacés : les baleines aux longs fanons…

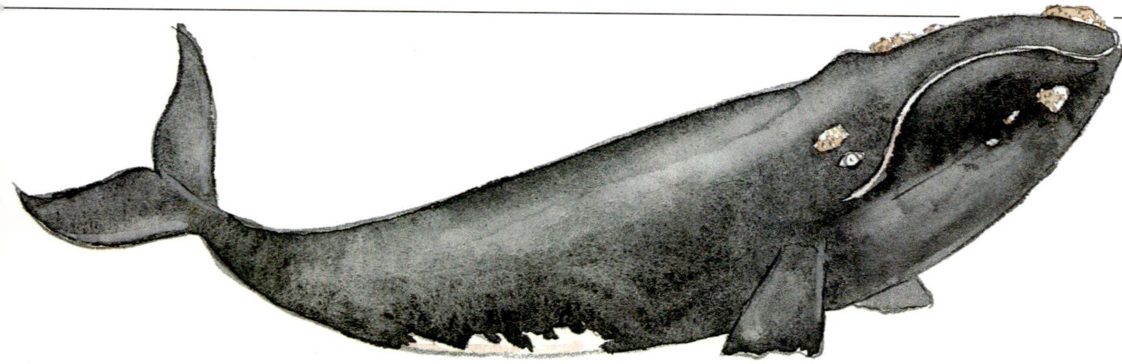

La baleine franche. On l'appelle aussi baleine des basques
Les chasseurs l'ont appelée franche, car elle nage lentement, elle est facile à attraper et ne coule pas quand elle est morte. Elle est longue de 18 mètres et pèse 96 tonnes. Il en reste aujourd'hui moins de deux mille dans l'Atlantique nord.

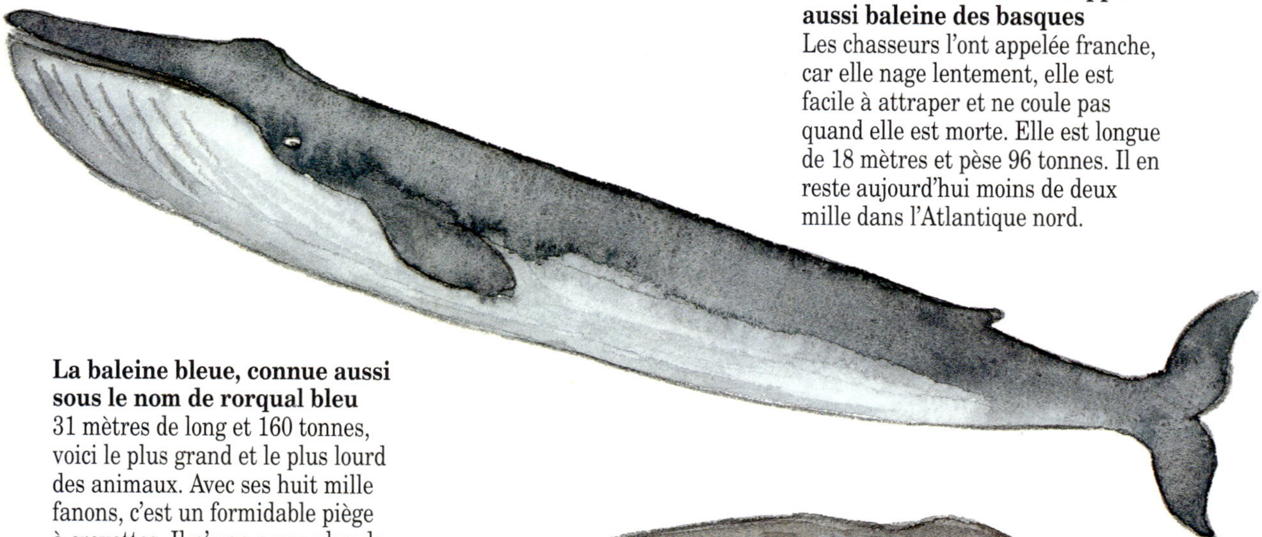

La baleine bleue, connue aussi sous le nom de rorqual bleu
31 mètres de long et 160 tonnes, voici le plus grand et le plus lourd des animaux. Avec ses huit mille fanons, c'est un formidable piège à crevettes. Il n'y en a pas plus de neuf mille dans le monde.

La baleine grise
Les kilomètres ne lui font pas peur : chaque année elle promène ses 15 mètres et ses 34 tonnes de la Californie à l'océan Arctique, et retour. Il en reste quinze mille sur les côtes américaines, presque plus en Asie.

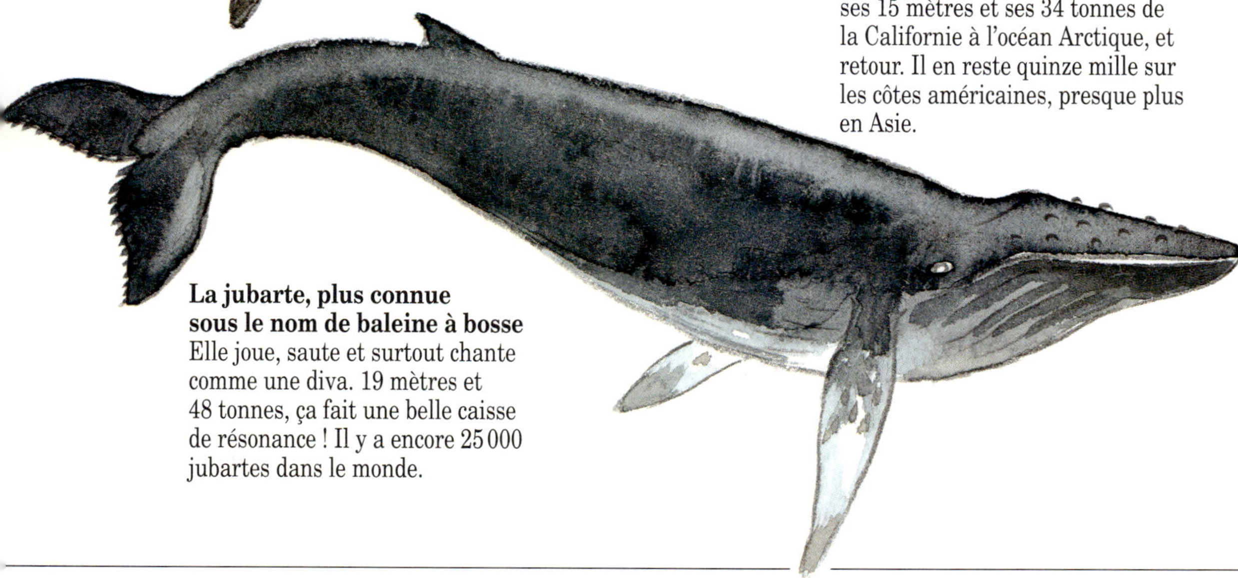

La jubarte, plus connue sous le nom de baleine à bosse
Elle joue, saute et surtout chante comme une diva. 19 mètres et 48 tonnes, ça fait une belle caisse de résonance ! Il y a encore 25 000 jubartes dans le monde.

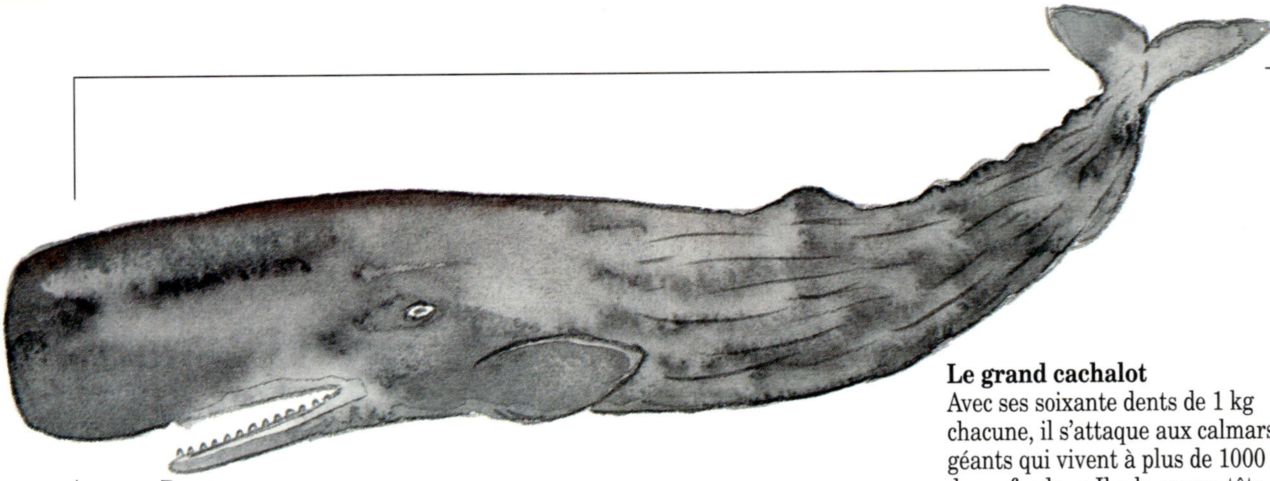

Le grand cachalot
Avec ses soixante dents de 1 kg chacune, il s'attaque aux calmars géants qui vivent à plus de 1000 m de profondeur. Il a la grosse tête : elle est pleine du célèbre « blanc de baleine ». Un grand mâle fait jusqu'à 20 mètres de long et pèse 38 tonnes. Il y en a entre quatre cent mille et cinq cent mille.

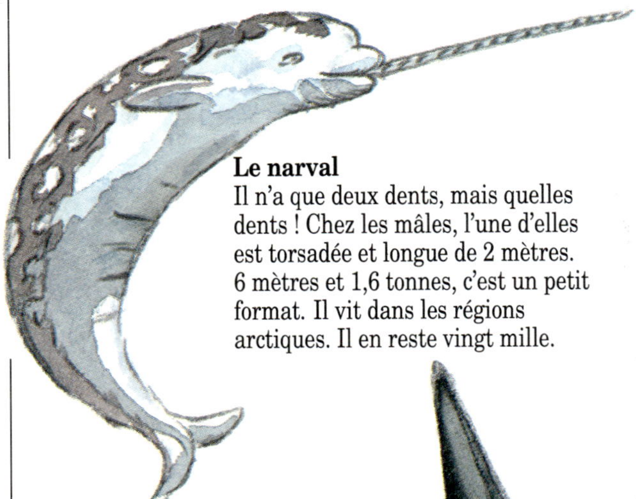

Le narval
Il n'a que deux dents, mais quelles dents ! Chez les mâles, l'une d'elles est torsadée et longue de 2 mètres. 6 mètres et 1,6 tonnes, c'est un petit format. Il vit dans les régions arctiques. Il en reste vingt mille.

Le bélouga
Il est d'une belle couleur blanche, laiteuse. Son chant ressemble à un tintement de cloches. Il mesure 6 mètres et pèse 1,3 tonnes. Il y en a vingt-cinq mille à trente mille dans les régions arctiques.

L'orque, surnommé la baleine tueuse
Il n'a peur de rien et s'attaque à tous les gros animaux marins, mais pas à l'homme. Sa tenue de camouflage lui permet de passer inaperçu dans les reflets de l'eau. Il a 9 mètres de long et 7 tonnes de muscles. Les orques sont encore nombreux dans toutes les mers.

Le grand dauphin. On l'appelle aussi le dauphin souffleur
Star de cinéma ou de piscine, espion au service de l'armée, le dauphin est souvent le compagnon de l'homme. Avec 4 mètres de long et 600 kilos, il est presque svelte. On le trouve partout.

… et plusieurs autres de leurs cousins aux belles dents, qui méritent aussi d'être connus.

A la manière eskimo

Il y a longtemps que les hommes chassent la baleine. Voici le récit

- Les « umiaks », les canoës de peau, sont prêts à prendre la mer. Le chasseur guette le souffle de l'animal.

- Baleine en vue ! Les umiaks, avec trois ou quatre hommes à bord, partent à sa poursuite.

- Attaché par une solide corde, il est ramené à la côte.

- Les os, inutilisés, sont jetés à la mer. Les mâchoires, elles, pourront servir à encadrer une porte. Les morceaux de baleine sont apportés au village, distant de plusieurs kilomètres, sur des traîneaux. Les chiens sont très excités.

d'une chasse qui s'est déroulée un jour
de printemps 1973, chez les Eskimos
de la côte nord-ouest de l'Alaska.
La chasse se déroule comme autrefois,
seules les armes sont modernes.

- Les chasseurs la harponnent (le harpon à tête explosive est aujourd'hui interdit). Des peaux de phoque remplies d'air sont attachées aux harpons pour suivre l'animal dans sa fuite mortelle.

- Le « muktuk », ou le lard, est découpé avec de grands couteaux. Il sera ensuite distribué à toutes les familles. Certaines parties de choix sont réservées aux chasseurs.

- Une grande fête célèbre la fin de la saison des baleines.
Les jeux, les chants et les danses se succèdent pendant trois jours et trois nuits.

En Norvège, des gravures sur un rocher montrent une chasse à la baleine telle qu'elle se passait il y a presque quatre mille ans.

Les Japonais mangent de la baleine depuis toujours pour des raisons religieuses : manger de la viande leur était interdit et, pendant longtemps, on a cru que la baleine était un poisson.

Balia, balia !

Tel est le cri que lançaient, il y a plus de mille ans, les chasseurs basques lorsqu'ils apercevaient une baleine. Les baleinières étaient vite lancées à l'eau et les hommes harponnaient l'animal jusqu'à ce que son souffle se colore de sang. On disait alors qu'il fleurissait ; et bientôt il mourait.
La baleine était ensuite hissée à bord, pelée comme une banane et découpée.
Sa graisse était fondue et mise en tonneaux.

C'est ainsi que les Basques ont pendant des siècles chassé les baleines franches, le long de leur côte d'abord, puis au Groenland et à Terre-Neuve. Les Hollandais, les Anglais et bien d'autres s'attaquèrent ensuite à la baleine franche des eaux glacées de l'Arctique. Pendant ce temps, de l'autre côté du monde, les Japonais, eux aussi, exterminaient les baleines.

Près du Spitzberg, il y a trois cent cinquante ans, les Hollandais bâtirent une « ville de la graisse » pour vingt mille hommes et leurs quatre cents navires. Ils vivaient là dans la puanteur suffocante des fourneaux de fonte et l'odeur du sang qui rougissait les vagues.

Dans les ports de Nantucket et de New Bedford tout le monde vivait grâce à la baleine. Les maîtres d'école étaient parfois même payés en tonneaux d'huile de baleine.

Carnage sur l'eau

Au début du siècle dernier, les Américains sont les premiers à s'attaquer au plus puissant des géants de la mer : le cachalot. Sur la côte est des États-Unis, des ports se développent : Nantucket, Mystic, New Bedford… Venant des océans lointains, sans cesse, les navires débarquent à quai leurs cargaisons de cadavres.
Les chasseurs américains poursuivent aussi la baleine grise de Californie.
En 1852, Charles Scammon découvre en Basse Californie mexicaine une lagune où les baleines se rassemblent pour accoucher :

« Le 10 janvier, vers six heures du matin, nous entrâmes dans les eaux de la lagune. Elle était bien telle que je l'avais rêvée, immense, pâle, rejoignant le ciel par les lignes fuyantes des bancs de sable et des presqu'îles. Tout à fait au fond,

comme surgies de la mer, les montagnes de quartz rouge étincelaient déjà au soleil, d'une incroyable dureté. Mais c'était l'eau qui donnait le vertige, cette eau calme et miroitante, où se pressaient les immenses corps noirs, par centaines, par milliers peut-être. À l'avant de la chaloupe, à côté du harponneur indien, je regardais cela, sans rien dire, et il me semblait que j'étais entré tout à coup, par effraction, dans un monde perdu, séparé du nôtre par d'innombrables siècles. Les baleines glissaient tranquillement dans la lagune, le long des canaux entre les bancs. Il y avait des femelles qui avaient déjà mis bas, et qui soutenaient leurs petits à la surface pour qu'ils puissent prendre leur première respiration. D'autres, énormes, attendaient, basculées sur le flanc, que le moment d'accoucher arrive. À l'écart, les mâles étaient réunis, comme pour faire le guet, leurs corps immenses réunis formant une seule muraille sombre. Je ne sais comment nous nous arrachâmes à cette contemplation. Soudain, sur mon ordre, la chasse silencieuse commença. »

(J. M. G. Le Clézio, Pawana, *Gallimard 1992, p. 36-37.)*

C'est un cachalot blanc — et non une baleine — que le capitaine Achab poursuit dans le célèbre roman d'Herman Melville *Moby Dick*.

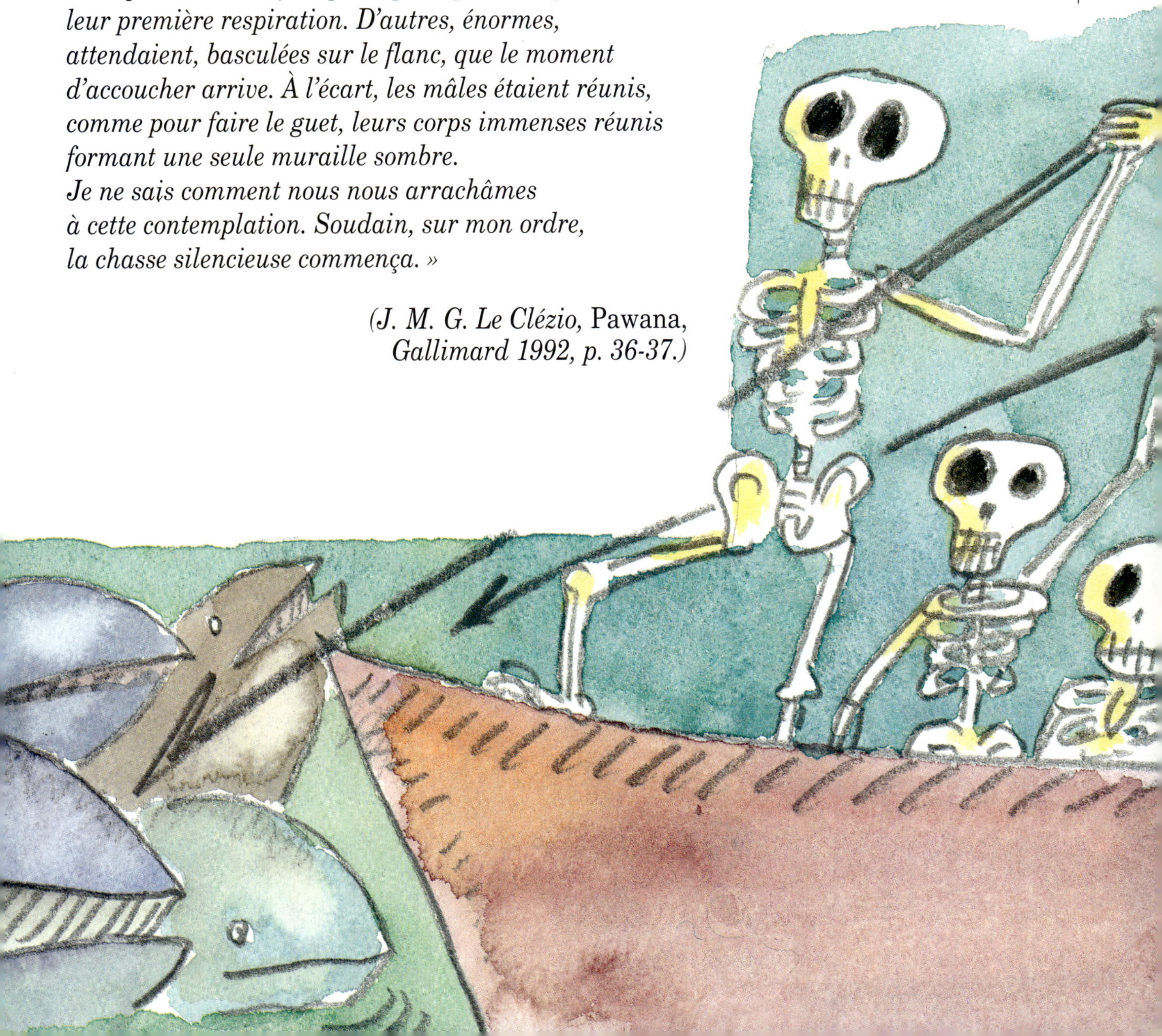

Vive le jojoba

Os : matériaux de construction.

C'est fou, tout ce qu'on peut faire avec les baleines. C'est d'ailleurs ce qui a causé leur perte !
Le sauveur des baleines et des cachalots, c'est le jojoba, un arbuste des déserts mexicains, qui produit une huile très fine.

Peau : colle.

Fanons : corsets, parapluie, fouets, ressorts.

Tendons : cordes de raquettes de tennis.

Viande : cuisine japonaise.

Ambre gris : parfums.

Blanc de baleine : crème à ra

La cire d'abeille, les huiles végétales et minérales, les algues, le plastique, l'acier et l'électricité peuvent aussi remplacer les baleines… Ainsi, les derniers survivants des grands géants pourront continuer à sillonner le monde, et leurs chants résonneront encore longtemps dans les profondeurs glacées des océans et dans les eaux chaudes des lagunes !

Os : aiguilles à tricoter, pièces d'échec.

Géants à protéger

La chasse devient de plus en plus meurtrière, au Nord comme au Sud, dans les eaux polaires : le canon lance-harpon, le harpon explosif, les bateaux très rapides, les radars, les hélicoptères, le satellite laissent peu de chance aux baleines. Les bateaux deviennent des usines de mort très perfectionnées. Il faut faire quelque chose pour arrêter

Certains peuples, comme les Eskimos, ont toujours le droit de chasser, chaque année, un certain nombre de baleines, car c'est ainsi qu'ils se nourrissent depuis toujours, mais sans armes à feu et sans bateau à moteur.

le massacre ! Pourtant en 1946, la Commission baleinière internationale avait été créée pour protéger les baleines. Cependant la chasse continue. Depuis 1986, il est strictement interdit de chasser **la baleine** et **le cachalot**. Partout où elle le peut, l'association Greenpeace s'interpose, avec ses bateaux, entre les chasseurs et les animaux. C'est au tour des chasseurs de baleines d'être poursuivis !

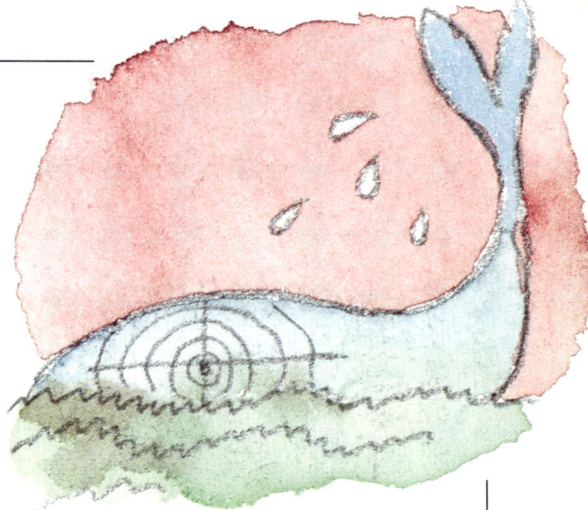

La baleine bleue, parce qu'elle a beaucoup de graisse, est devenue la cible des pêcheurs modernes. Elle a presque disparu.

Le canon lance-harpon est une invention norvégienne. Il pouvait exécuter trente baleines coup sur coup !

Les Japonais ne chassent plus. Ils « pêchent scientifiquement », c'est-à-dire que chaque année, ils tuent trois cents baleines pour comprendre comment elles vivent ! Cependant, ils observent aussi, sans les tuer, les baleines de l'Antarctique.

Il était une fois...

Les baleines et leurs cousins sont devenus des divinités dans les légendes et les contes, de la Chine à l'Afrique, de l'Alaska à la Méditerranée. Parfois, ils portent l'univers ou règnent sur la mer. On raconte aussi que ce sont les hommes qui les ont créés. Voici comment les Indiens Tlingit d'Alaska imaginent la création de **l'orque** par un des leurs. Ils ont sculpté cette histoire sur un totem :

- Naatslanei était un grand chasseur, respecté par le village. Il pêchait et chassait souvent avec ses trois beaux-frères.

- Ceux-ci, jaloux, l'abandonnèrent un jour sur un récif pour qu'il se noie. Le plus jeune ne voulait pas le laisser, mais il ne put rien faire pour lui.

- Naatslanei fut emporté dans un monde mystérieux sous le récif. Là, des hommes le mirent dans un canoë et il atteignit le rivage.

- Il appela sa femme et lui demanda de lui apporter en secret ses outils. Il tailla un monstre en bois de cèdre jaune, qui se mit à nager.

- « Je t'ai créé pour me venger, lui dit-il. Trois hommes sont dans un canoë. Tue les deux plus âgés, mais ne touche pas au plus jeune. »

- L'orque tua les deux frères, et emporta sur son dos le plus jeune jusqu'à la côte. Naatslanei lui ordonna alors de ne plus jamais s'attaquer aux hommes.